INHALTSVERZEICHNIS

Seite

LEÇON 1

	G 1	*Qui est-ce?*	– Fragen stellen (1)	5
	G 2	*C'est Amélie?*	– Aussagesatz und Fragesatz	5
	G 3	*un / une*	– Der unbestimmte Artikel (Singular) *L'article indéfini (singulier)*	6

LEÇON 2

A	G 4	*le / la*	– Der bestimmte Artikel (Singular) *L'article défini (singulier)*	7
B	G 5	*je suis, tu es …*	– Das Verb *être* und die Personalpronomen	8
	G 6	*Qu'est-ce que c'est?*	– Fragen stellen (2)	9

LEÇON 3

A	G 7	*je cherche, j'aime*	– Die Verben auf *-er* (Präsens) *Les verbes en -er (présent)*	10
	G 8	*il/elle – ils/elles*	– Ersetzen von Gegenständen	11
	G 9	*un, deux, trois …*	– Die Grundzahlen von 1 bis 20 *Les nombres de 1 à 20*	12
	G 10	*Est-ce que …?*	– Fragen stellen (3)	12
	G 11	*Que fait …? Que font …?*	– Fragen stellen (4)	13
	G 12	*Où est …? Où sont …?*	– Fragen stellen (5)	13
	G 13	*les*	– Der bestimmte Artikel (Plural) *L'article défini (pluriel)*	14
B	G 14	*des*	– Der unbestimmte Artikel (Plural) *L'article indéfini (pluriel)*	15
	G 15	*Qui installe …?*	– Fragen stellen (6)	15

Révisions 1 und **On fait des révisions.** 16

LEÇON 4

A	G 16	*mon, ton, son …*	– Die Possessivbegleiter (Singular) *Les déterminants possessifs (singulier)*	19
	G 17	*je fais, tu fais …*	– Das Verb *faire* *Le verbe faire*	20
B	G 18	*ne … pas*	– Die Verneinung (1) *La négation*	20
C	G 19	*j'ai, tu as …*	– Das Verb *avoir* *Le verbe avoir*	21
	G 20	*j'aime le foot / j'aime surfer*	– aimer + Nomen / aimer + Infinitiv	21

LEÇON 5

A	G 21	*je vais, tu vas …*	– Das Verb *aller* *Le verbe aller*	22
	G 22	*au / à la / à l' / aux*	– Die Präposition *à* und der bestimmte Artikel *La préposition à et l'article défini*	23
	G 23	*vingt et un/une, vingt-deux …*	– Die Zahlen von 21 bis 69 *Les nombres de 21 à 69*	24
B	G 24	*Il est sept heures.*	– Die Uhrzeit *L'heure*	25

trois **3**

				Seite

LEÇON 6

A	G 25	notre/votre/leur – nos/vos/leurs	– Die Possessivbegleiter (Plural) *Les déterminants possessifs (pluriel)*	26
	G 26	je prends, tu prends …	– Das Verb *prendre* *Le verbe prendre*	27
B	G 27	du / de la / de l' / des	– Die Präposition *de* und der bestimmte Artikel *La préposition de et l'article défini*	27

Révisions 2 und **On fait des révisions.** — 28

LEÇON 7

A	G 28	un kilo de … / beaucoup de …	– Mengenangaben	31
	G 29	j'achète, nous achetons	– Das Verb *acheter* *Le verbe acheter*	32
	G 30	soixante-dix, soixante et onze …	– Die Zahlen von 70 bis 100 *Les nombres de 70 à 100*	32
B	G 31	je mets, tu mets …	– Das Verb *mettre* *Le verbe mettre*	33
C	G 32	je mange, nous mangeons	– Das Verb *manger* *Le verbe manger*	33
	G 33	je préfère, nous préférons	– Das Verb *préférer* *Le verbe préférer*	34

LEÇON 8

A	G 34	aller faire qc	– Das *futur composé* *Le futur composé*	35
	G 35	Quand est-ce que …?	– Fragen stellen (7) (= Fragewort + *est-ce que*)	36
	G 36	Pourquoi est-ce que …? – Parce que …	– Einen Grund angeben	
B	G 37	Ecoutez et écrivez.	– Der Imperativ *L'impératif*	36 37

LEÇON 9

	G 38	je veux, je peux	– Die Verben *vouloir* und *pouvoir* *Les verbes vouloir et pouvoir*	38

Révisions 3 und **On fait des révisions.** — 39

*MODULE 1	G 39	je vends, j'attends	– Die Verben auf *-dre* *Les verbes en -dre*	42
**MODULE 2	G 40	Je le regarde.	– Die direkten Objektpronomen *le, la, l', les* *Les pronoms objets le, la, l', les*	43
***MODULE 3	G 41	j'ai mangé, tu as mangé	– Das *passé composé* mit *avoir* *Le passé composé avec avoir*	44

Anhang	• Verben auf *-er* (regelmäßig; mit Besonderheiten); unregelmäßige Verben	45
	• Verzeichnis der grammatischen Begriffe	46
	• Stichwortverzeichnis	48
	• Lösungen zu *On fait des révisions*	49

*Die Durchnahme dieses Moduls ist in den Bundesländern Bayern und Baden-Württemberg verbindlich.
**Die Durchnahme dieses Moduls ist in den Bundesländern Bayern und Hessen verbindlich.
***Die Durchnahme dieses Moduls ist im Bundesland Hessen verbindlich.

G1 *Qui est-ce?* – Fragen stellen (1)

Du fragst nach Personen.	Du antwortest.
– **Qui est-ce?** Wer ist das?	– **C'est** Amélie. Das ist Amélie.
– **Qui est-ce?** C'est Charlotte? Wer ist das? Ist das Charlotte?	– Oui, **c'est** Charlotte. Ja, das ist Charlotte.
– **Qui est-ce?** C'est Pierre? Wer ist das? Ist das Pierre?	– Non, **c'est** Charlotte. Nein, das ist Charlotte.

G2 *C'est Amélie?* – Aussagesatz und Fragesatz

Aussagesatz	Fragesatz
– C'est Amélie**.** Das ist Amélie.	– C'est Amélie **?** Ist das Amélie?
– Ça va**.** Es geht (mir) gut.	– Ça va **?** Wie geht's?

Im Französischen kannst du aus einer Aussage ganz leicht eine Frage bilden. Beim Aussagesatz fällt deine Stimme zum Satzende ab, beim Fragesatz steigt deine Stimme zum Satzende an. Die Wortstellung bleibt gleich.

L Aussagesatz = fallende Stimme   Fragesatz = steigende Stimme

Fragen, die durch eine steigende Satzmelodie (**Intonation**) gebildet werden, nennt man **Intonationsfragen**.

1

G3 *un/une* – Der unbestimmte Artikel (Singular)
L'article indéfini (singulier)

– Voilà **un** copain.
 … ein Freund

– Voilà **une** copine.
 … eine Freundin

– Voilà **un** poulet.
 … ein Hähnchen

– Voilà **une** quiche.
 … eine Quiche

- Im Französischen gibt es nur männliche Nomen (z. B.: *copain, poulet*) und weibliche Nomen (z. B.: *copine, quiche*). Sie stehen nie allein, sondern immer mit einem Begleiter.
- Der unbestimmte Artikel im Singular ist ein Begleiter des Nomens. Er zeigt dessen Geschlecht an: *un* für männliche, *une* für weibliche Nomen.

L Ein Nomen steht nie allein. Lerne daher immer seinen Artikel mit. So kannst du dir das Geschlecht des Nomens besser merken.

Am besten schreibst du dir beim Vokabellernen die männlichen Nomen und ihren Artikel in *Blau*, die weiblichen in *Rot* auf.

un copain – ein Freund

une copine – eine Freundin

un poulet – ein Hähnchen

une quiche – eine Quiche

der Artikel	= das Geschlechtswort
der Singular	= die Einzahl
das Nomen/das Substantiv	= das Hauptwort, das Namenwort

LEÇON 2

A G4 le/la – Der bestimmte Artikel (Singular)
L'article défini (singulier)

W In G 3 hast du schon *un* und *une*, die **unbestimmten** Artikel im Singular, kennen gelernt.

Neu! Nun lernst du die **bestimmten** Artikel im Singular kennen.

Unbestimmter Artikel	Bestimmter Artikel
Voilà …	C'est …
… **un** plan.	… **le** plan de Kathrin.
ein Plan	der Plan von Kathrin
… **un** hôpital.	… **l'**hôpital Tenon.
ein Krankenhaus	das Krankenhaus Tenon
… **une** BD.	… **la** BD de Silke.
ein Comic	der Comic von Silke
… **une** orange.	… **l'**orange de Kathrin.
eine Apfelsine	die Apfelsine von Kathrin

- Der bestimmte Artikel im Singular ist wie *un* und *une* ein Begleiter des Nomens. Im Maskulinum (bei männlichen Nomen) heißt er *le* und im Femininum (bei weiblichen Nomen) heißt er *la*.
- Vor einem Nomen, das mit **Vokal** (*orange*) oder **stummem h** (*hôpital*) beginnt, werden *le* und *la* zu *l'* verkürzt.

F/D Die französischen Nomen haben oft ein anderes Geschlecht als die entsprechenden deutschen Nomen:

la BD – **der** Comic
le sac – **die** Tasche

Deshalb ist es sehr wichtig, das Nomen mit seinem Artikel zu lernen.

l'-Apostroph sagt dir nicht, ob das Nomen **männlich** oder **weiblich** ist!

L Nomen, die mit Vokal oder stummem *h* beginnen, lernst du am besten mit dem unbestimmten Artikel, denn sonst kannst du das Geschlecht des Nomens nicht erkennen: l'hôpital *(m.)* – **un** hôpital   l'orange *(f.)* – **une** orange

⚡ Was für *le* und *la* vor Vokal und stummem *h* gilt, gilt auch für die Präposition *de*:
l~~e~~ agent → **l'a**gent [laʒɑ̃]
d~~e~~ Amélie → **d'A**mélie [dameli]

| das Maskulinum | = das männliche Geschlecht | die Präposition | = das Verhältniswort |
| das Femininum | = das weibliche Geschlecht | der Vokal | = der Selbstlaut |

sept **7**

2B

B G5 **je suis, tu es ... – Das Verb *être* und die Personalpronomen**

*Le verbe **être** et les pronoms personnels*

1. Die Formen von *être*

	être	[εtr]	sein
je	**suis**	[ʒəsɥi]	ich bin
tu	**es**	[tyɛ]	du bist
il	**est**	[ilɛ]	er ist
elle	**est**	[ɛlɛ]	sie ist
on	**est**	[õnɛ]	wir sind
nous	**sommes**	[nusɔm]	wir sind
vous	**êtes**	[vuzɛt]	ihr seid
ils	**sont**	[ilsõ]	sie sind
elles		[ɛlsõ]	sie sind

- Die Personalpronomen *je, tu, il, elle, on/nous, vous, ils, elles* (ich, du, er, sie, wir, ihr, sie) ersetzen Personen. Sie stehen immer in Verbindung mit einem Verb.
- Verben (Tätigkeitswörter) werden dem dazugehörenden Personalpronomen angepasst. Diese Anpassung nennt man **Konjugation** (Beugung) des Verbs.

L Wie im Deutschen *(sein)* oder Englischen *(to be)* ist das Verb *être* ein Verb mit unregelmäßigen Personalformen. Deshalb müssen sie alle gelernt werden!

2. il / elle – ils / elles

– **Pierre** est de Berlin?
– Non, **il** est de Paris. — er

il steht für eine männliche Person

– **Silke** est où?
– **Elle** est à Paris. — sie

elle steht für eine weibliche Person

– **Pierre et Farid** sont dans le parc?
– Oui, **ils** sont dans le parc. — sie

ils steht für mehrere männliche Personen

– Et **Charlotte et Kathrin**?
– **Elles** sont là aussi. — sie

elles steht für mehrere weibliche Personen

– **Silke et Farid** sont à Montmartre?
– Oui, **ils** sont à Montmartre. — sie

ils steht auch für gemischte Gruppen (männlich und weiblich)

F/D Im Deutschen verwendest du für mehrere männliche oder weibliche Personen „sie".
Im Französischen musst du zwischen *ils* und *elles* wählen. *Ils* steht auch für männlich und weiblich gemischte Gruppen *(Silke et Farid → ils)*.

8 huit

3. *on*

On est de Berlin.	Wir sind aus Berlin.
On dit: …	Man sagt: …

- **On** wird wie *il* und *elle* konjugiert: *il, elle, on est* (3. Person Singular). In der Umgangssprache kann man **on** für die 1. Person Plural *nous* („wir") verwenden.
- **On** kann aber auch die Bedeutung von „man" haben.

4. Die Höflichkeitsform *vous*

M. Renaud, vous êtes de Paris?	Herr Renaud, sind Sie aus Paris?
Monsieur et madame Renaud, vous êtes de Paris?	Herr und Frau Renaud, sind Sie aus Paris?

Wenn du eine oder mehrere Personen siezt (Höflichkeitsform – „Sie"), musst du immer die 2. Person Plural *vous* benutzen. *Vous* kann also „ihr" und „Sie" bedeuten.

G6 *Qu'est-ce que c'est?* – Fragen stellen (2)

W Du weißt bereits aus G1, wie man Fragen nach Personen stellt und beantwortet:
Qui est-ce? – C'est Charlotte.

Neu! Nun lernst du auch nach Sachen zu fragen.

Du fragst nach Sachen.		Du antwortest.
– **Qu'est-ce que c'est?** Was ist das?		– **C'est** une banane.
– Et là, **qu'est-ce que c'est?** Und was ist das?		– **C'est** un pull.

das Pronomen	= das Fürwort	die Konjugation	= die Beugung
das Verb	= das Tätigkeitswort	der Plural	= die Mehrzahl

neuf **9**

LEÇON 3

A G7 *je cherche, j'aime* – Die Verben auf *-er* (Präsens)
Les verbes en -er (présent)

Die meisten französischen Verben enden im Infinitiv auf *-er*, z. B.: *cherch**er**, aim**er***

Der Infinitiv hat einen **Stamm** und eine **Endung**. Den Stamm der Verben auf *-er* findest du, indem du *-er* vom Infinitiv wegstreichst.

chercher	=	cherch	+	er
Infinitiv	=	Verbstamm	+	Endung

In diesem Kapitel lernst du die **Konjugation** der regelmäßigen Verben auf *-er* (im Präsens) kennen.

	cherch**er**	[ʃɛʀʃe]	suchen	
je	cherch**e**		ich suche	
tu	cherch**es**		du suchst	
il			er sucht	
elle	cherch**e**	[ʃɛʀʃ]	sie sucht	**Ebenso:**
on			man sucht / wir suchen	trouv**er** (je trouve, …)
nous	cherch**ons**	[ʃɛʀʃɔ̃]	wir suchen	détest**er** (je déteste, …)
vous	cherch**ez**	[ʃɛʀʃe]	ihr sucht / Sie suchen	prépar**er** (je prépare, …)
ils	cherch**ent**	[ʃɛʀʃ]	sie suchen	chant**er** (je chante, …)
elles				

- Der Verbstamm bleibt immer gleich. Nur die Personalendungen sind veränderbar. Sie richten sich nach der Person und der Anzahl.

- Die Verben auf *-er* haben im Präsens folgende Endungen:

Singular	Plural
-e	-ons
-es	-ez
-e	-ent

Die Personalendungen der 1., 2. und 3. Person Singular sowie der 3. Person Plural werden nicht mitgesprochen, aber immer geschrieben. Man hört also nur den Verbstamm – diese Formen nennt man stammbetont.

Bei der 1. und 2. Person Plural werden die Personalendungen *-ons* und *-ez* mitgesprochen – diese Formen sind endungsbetont.

L Beim Sprechen wird bei fast allen Verbformen nur der Stamm ausgesprochen. Beim Schreiben musst du aber immer die Endungen anhängen.

je cherch**e**   [ʃɛʀʃ]
tu cherch**es** [ʃɛʀʃ]

das Präsens = die Gegenwart
der Infinitiv = die Grundform

3A

aimer	[εme]	lieben/mögen		écouter	[ekute]	hören
j' aime	[ʒεm]			j' écoute	[ʒekut]	
tu aimes				tu écoutes		
il aime				il écoute		
elle aime				elle écoute		
on‿aime	[õnεm]			on‿écoute	[õnekut]	
nous‿aimons	[nuzεmõ]			nous‿écoutons	[nuzekutõ]	
vous‿aimez	[vuzεme]			vous‿écoutez	[vuzekute]	
ils‿aiment	[ilzεm]			ils‿écoutent	[ilzekut]	**Ebenso:**
elles‿aiment	[εlzεm]			elles‿écoutent	[εlzekut]	**en**tr**er** (j'entre …)

- Vor Vokal und stummem *h* wird *je* zu *j'*, z.B.: *j'aime*
- Das *-n* von *on* und das *-s* von *nous, vous, ils* und *elles* werden vor Vokal gebunden.
  Das *-s* wird dadurch stimmhaft ausgesprochen.

G 8 *il/elle – ils/elles* – Ersetzen von Gegenständen

W Du weißt schon aus G 5, dass du Personen durch die Personalpronomen *il/elle* und *ils/elles* ersetzen kannst: –*Pierre est sympa?* –*Oui, il est sympa.*

Neu! Auch **Gegenstände** können durch Personalpronomen ersetzt werden.

– Où est **le plan**? – **Il** est là.	er	*il* steht für einen männlichen Gegenstand
– Où est **la quiche**? – **Elle** est dans la cuisine.	sie	*elle* steht für einen weiblichen Gegenstand
– Où sont **le carton et le sac**? – **Ils** sont dans le couloir.	sie	*ils* steht für mehrere männliche Gegenstände
– Où sont **la baguette et la banane**? – **Elles** sont dans le sac.	sie	*elles* steht für mehrere weibliche Gegenstände
– Où sont **la casquette et le pull**? – **Ils** sont dans la chambre de Charlotte.	sie	*ils* steht auch für gemischte Gruppen (männlich und weiblich)

F/D Im Deutschen verwendest du für mehrere männliche oder weibliche Gegenstände „sie".
Im Französischen musst du bei der 3. Person Plural zwischen *ils* und *elles* wählen.
Ils steht auch für männlich und weiblich gemischte Gruppen:
la casquette et **le** pull → **ils**   **les** casquettes et **les** pulls → **ils**

onze **11**

3A

G 9 un, deux, trois ... – Die Grundzahlen von 1 bis 20

Les nombres de 1 à 20

1	un/une	[ɛ̃/yn]
2	deux	[dø]
3	trois	[tʀwa]
4	quatre	[katʀ]
5	cinq	[sɛ̃k]
6	six	[sis]
7	sept	[sɛt]
8	huit	[ɥit]
9	neuf	[nœf]
10	dix	[dis]

11	onze	[õz]
12	douze	[duz]
13	treize	[tʀɛz]
14	quatorze	[katɔʀz]
15	quinze	[kɛ̃z]
16	seize	[sɛz]
17	dix-sept	[disɛt]
18	dix-huit	[dizɥit]
19	dix-neuf	[diznœf]
20	vingt	[vɛ̃]

Beachte: 0 zéro [zeʀo]

J'ai un trois et un cinq.

Voilà **un** CD et **une** BD.

- Französische Zahlen sind (im Unterschied zum Deutschen) männlich.
- Für die Zahl **1** gibt es neben der männlichen auch eine weibliche Form: **un, une.**
- Die Zahlen **17 bis 19** werden mit **Bindestrich** geschrieben.

G 10 Est-ce que ...? – Fragen stellen (3)

W In G 2 hast du gelernt, dass du in **der gesprochenen Sprache** aus einer Aussage durch steigende Satzmelodie eine Frage bilden kannst (**Intonationsfrage**):

– Farid cherche un cadeau**.** → Aussagesatz
– Farid cherche un cadeau**?** – Oui, il cherche un cadeau. → Intonationsfrage

Neu! In der **gesprochenen und in der geschriebenen Sprache** kannst du eine Frage auch mit der Frageformel *Est-ce que ...?* bilden.

– **Est-ce que** Farid cherche un cadeau**?** – **Oui**, il cherche un cadeau.

– **Est-ce qu'** il cherche un éléphant**?** – **Non**, il cherche un CD.

Est-ce que + Subjekt + Verb + Objekt → Oui / Non

- Setze die Frageformel *Est-ce que ...?* vor den Aussagesatz, und schon hast du eine Frage. *Est-ce que ...?* wirkt wie ein „hörbares Fragezeichen".
- Die Reihenfolge der Wörter bleibt wie im Aussagesatz: *Est-ce que* + Subjekt + Verb + Objekt
- Die erwartete Antwort lautet: *Oui. / Non.*
- Vor Vokal und stummem *h* wird *Est-ce que ...?* zu *Est-ce qu' ...?* verkürzt.

das Subjekt = der Satzgegenstand
das Objekt = die Satzergänzung

G11 *Que fait …? Que font …?* – Fragen stellen (4)

| – **Que** | **fait** | papa? | – **Il prépare** des quiches. |
| – **Que** | **font** | Pierre et Farid? | – **Ils cherchent** un cadeau. |

Que + *fait/font* + Subjekt

- Mit der Frage *Que fait …? / Que font …?* fragt man nach einer Tätigkeit.
- Wie im Deutschen steht das **Subjekt nach dem Verb** *(Was machen Pierre und Farid?)*.

G12 *Où est …? Où sont …?* – Fragen stellen (5)

| – **Où** | **est** | M. Garnier? | – Il est **dans la cuisine**. |
| – **Où** | **sont** | les oranges? | – Elles sont **dans la cuisine**. |

Où + *est/sont* + Subjekt

- Mit *où* fragt man nach einem Ort.
- Bei den Fragen *Où est …? / Où sont …?* steht das **Subjekt nach dem Verb**, d.h. die Satzstellung ist wie im Deutschen *(Wo ist M. Garnier?)*.

3A

G 13 *les* – Der bestimmte Artikel (Plural)
L'article défini (pluriel)

W Den **Singular** des bestimmten Artikels kennst du schon aus G 4:

le/l' → *C'est **le** pull de Charlotte. / C'est **l'**éléphant de Léo.*

la/l' → *C'est **la** casquette de Julie. / C'est **l'**orange de papa.*

Neu! Nun lernst du den **Plural** des bestimmten Artikels kennen:

Julie cherche **les** pull**s** de Charlotte.
Elle cherche aussi **les**‿éléphant**s** de Léo.

Léo cherche **les** casquette**s** de Julie.
Et il trouve **les**‿orange**s** de papa.

- Im Plural haben **männliche und weibliche Nomen** denselben bestimmten Artikel: **les**
- Beim Schreiben hängst du an das Nomen in der Regel ein **-s** an.
- Beim Hören und Sprechen musst du darauf achten, dass das **-s** von **les** und das Plural-**s** beim Nomen **nicht ausgesprochen** werden (im Gegensatz zum Englischen).
- Nur vor Vokal und stummem *h* wird das **-s** von **les** mit dem Vokal gebunden und stimmhaft ausgesprochen: **les**‿*ordinateurs* [lezɔʀdinɑtœʀ]. Das nennt man eine Bindung (frz. *une liaison*).

le pull	**les** pulls
l' éléphant	**les**‿éléphants
la casquette	**les** casquettes
l' orange	**les**‿oranges

L Unterscheide beim Sprechen besonders deutlich zwischen **le** [lə] und **les** [le], damit deine *Zuhörer* erkennen, ob du Nomen im Singular oder Plural meinst.

> Achte beim Zuhören genau auf die Artikel: Nur diese weisen darauf hin, ob ein Nomen im Singular oder Plural steht.

le pull [ləpyl]   **les** pull**s** [lepyl]

der Konsonant = der Mitlaut

14 quatorze

3B

B G 14 *des* – Der unbestimmte Artikel (Plural)
L'article indéfini (pluriel)

W Den **Singular** des unbestimmten Artikels kennst du schon aus G 3:

        un → *C'est **un** poulet.*

        une → *C'est **une** quiche.*

Neu! Nun lernst du den **Plural** des unbestimmten Artikels kennen.

Dans le quartier, il y a	**des** supermarché**s** et **des**‿agent**s**.
Dans la chambre de Kathrin, il y a	**des** casquette**s** et **des**‿orange**s**.

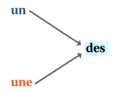

- Der Plural des unbestimmten Artikels heißt **des**. Er ist vor männlichen und weiblichen Nomen gleich.
- Beim Schreiben und Sprechen gelten die gleichen Regeln wie bei **les** *(G 13)*:
  – Beim Schreiben hängst du an das Nomen in der Regel ein **-s** an.
  – Beim Hören und Sprechen musst du darauf achten, dass das **-s** von **des** und das Plural-**s** beim Nomen **nicht ausgesprochen** werden: *des casquettes* [dekasket].
  – Nur vor Vokal und stummem *h* wird das **-s** von **des** mit dem Vokal gebunden und ausgesprochen: *des‿oranges* [dezɔʀɑ̃ʒ].

F/D/E Den unbestimmten Artikel im Plural des Französischen gibt es im Deutschen und Englischen nicht.

F	Sur la table, il y a	**une** orange.	→ Sur la table, il y a	**des**	oranges.
D	Auf dem Tisch ist	**eine** Orange.	→ Auf dem Tisch sind	**–**	Orangen.
E	On the table there is	**an** orange.	→ On the table there are	**–**	oranges.

G 15 *Qui installe ...?* – Fragen stellen (6)

W In G 1 hast du gelernt, wie man nach einer Person fragt:
Qui est-ce? – *C'est Amélie.*

Neu! **Qui** kann auch in Fragen mit anderen Verben stehen.

– **Qui installe** l'ordinateur?	– **Pierre installe** l'ordinateur.
– **Qui aime** les quiches?	– **Marine aime** les quiches.

Mit **Qui** + **Vollverb** *(Qui installe…? / Qui aime …?)* fragst du nach einer Person, die eine bestimmte Tätigkeit ausführt.

quinze **15**

Révisions 1

Nomen und Begleiter

Französische Nomen sind entweder männlich (**maskulin**) oder weiblich (**feminin**).
Den Nomen siehst du aber meistens nicht an, ob sie männlich oder weiblich sind.
Lerne sie daher immer mit dem dazugehörigen Artikel:

Artikel	Nomen	Artikel	Nomen
un / **le**	quartier	**une** / **la**	table
ein / der	Stadtteil	ein / der	Tisch

Im Plural gibt es jeweils nur einen Artikel:

Nomen im **Plural** *(pluriel)* bekommen im Allgemeinen ein **-s**:

les bananes   **des** problèmes

Das **-s** in **les** und **des** wird nicht gesprochen. Nur wenn ein Nomen
mit Vokal oder stummem h beginnt, wird es gesprochen:

le**s**_agents / le**s**_écoles

G 3, 4, 13, 14

*déjà vu – schon (einmal) gesehen (*hier:* Grammatik, die du schon gelernt hast)

Révisions 1

Verben

Verben mit dem Infinitiv auf *-er* haben im Präsens folgende Endungen: G 7

je	cherch**e**	**nous**	cherch**ons**
tu	cherch**es**	**vous**	cherch**ez**
il/elle/on	cherch**e**	**ils/elles**	cherch**ent**

Die Endungen werden an den **Verbstamm** gehängt:

chercher: je **cherch**-e, tu **cherch**-es …

Das Verb **être** ist völlig unregelmäßig. Hier musst du alle Formen lernen: G 5

je	**suis**	nous	**sommes**
tu	**es**	vous	**êtes**
il/elle/on	**est**	ils/elles	**sont**

Fragen

Um eine **Frage** zu formulieren, hast du mehrere Möglichkeiten:

Die Intonationsfrage   G 1, 2

Papa prépare les quiches?   Oui, papa prépare les quiches.

Die Frage mit *Est-ce que …?*   G 10

Est-ce que papa prépare les quiches?   Oui, papa prépare les quiches.

Die Frage mit einem **Fragewort**   G 1, 6, 11, 12, 15

Qui?	**Qui** est-ce?	C'est **Amélie**.
	Qui aime les quiches?	**Marine aime** les quiches.
Que?	**Qu'est-ce que** c'est?	C'est **un ordinateur**.
	Qu'est-ce qu'il y a dans la chambre?	Il y a **une table et des cartons**.
	Que fait Pierre?	**Il installe** l'ordinateur.
Où?	**Où est** Marine?	Elle est **dans la chambre de Charlotte**.

On fait des révisions.

Mit den folgenden Aufgaben kannst du kontrollieren, ob du die Grammatik aus den **Lektionen 1 bis 3** beherrschst. Schreibe die Lösungen in dein Heft! (Die Lösungen findest du auf S. 49.)

Nomen und Begleiter

A *Mets l'article défini. (Setze den bestimmten Artikel ein.):* **le, la, l', les**   G 4, 13

? pull; ? casquette; ? quiches; ? supermarché; ? tables; ? match; ? école

B *Mets l'article indéfini. (Setze den unbestimmten Artikel ein.):* **un, une, des**   G 3, 14

? banane; ? éléphants; ? mayonnaise; ? couloir; ? ordinateur

C *Fais des phrases. (Bilde Sätze.)*   G 3, 4, 13, 14

poulet	(Léo)	Voilà un poulet.	→ C'est le poulet de Léo.
bananes	(Kathrin)	Voilà …	Ce sont les bananes de …
BD	(Charlotte)	Voilà …	C'est …
école	(Pierre)		
ordinateur	(Farid)		
quiches	(Amélie)		

Verben

D *Le verbe* **être** *et les pronoms. Complète avec* **être** *ou le pronom.*   G 5
(Ergänze mit **être** *oder einem Pronomen.)*

Pierre ? de Paris. Kathrin et Silke ? de Berlin. Tu ? d'où? Je ? de Marseille. Vous ? de Toulouse? ? êtes de Calais? Non, ? sommes de Paris.

E *Les verbes en* **-er.** *Complète. (Ergänze.)*   G 7

1. Elle ? (chercher) un CD. 2. Nous ? (aimer) Paris. 3. Je ? (chanter) un rap. 4. Papa ? (préparer) un poulet. 5. Vous ? (entrer) dans la chambre de Charlotte? 6. Léo et Minette ? (détester) les oranges. 7. Est-ce que tu ? (aimer) les BD? Oui, je ? (aimer) les BD.

Fragen

F *Pose des questions. (Stelle Fragen.):* **qui, que, où, est-ce que, qu'est-ce que**   G 1, 2, 6, 10, 11, 12

1. – ? fait Pierre?	– Il installe l'ordinateur.
2. – ? est Léo?	– C'est le copain de Kiki.
3. – ? c'est?	– C'est une quiche.
4. – ? sont Amélie et Charlotte?	– Elles sont dans la chambre de Charlotte.
5. – ? Farid aime le rap?	– Oui, il aime le rap.

18 dix-huit

LEÇON 4

A G16 *mon, ton, son ...* – Die Possessivbegleiter (Singular)

Les déterminants possessifs (singulier)

W Du hast in G 3, G 4, G 13 und G 14 bereits die bestimmten und unbestimmten Artikel kennen gelernt. Sie sind **Begleiter** des Nomens: *un plan   la BD   les sacs   des agents*

Neu! Nun lernst du weitere Begleiter kennen: die **Possessivbegleiter**. Mit diesen Begleitern kannst du ein Besitzverhältnis ausdrücken, z. B.: **mein** Freund, **deine** Freundin.

	le ↓	la ↓	l' ↓	les ↓
Je cherche	**mon** copain,	**ma** copine,	**mon** éléphant *(m.)*, **mon** orange *(f.)*,	**mes** articles *(m.)*. **mes** photos *(f.)*.
Tu cherches	**ton** copain,	**ta** copine,	**ton** éléphant *(m.)*, **ton** orange *(f.)*,	**tes** articles *(m.)*. **tes** photos *(f.)*.
Il/Elle/On cherche	**son** copain,	**sa** copine,	**son** éléphant *(m.)*, **son** orange *(f.)*,	**ses** articles *(m.)*. **ses** photos *(f.)*.

- Steht das Nomen im **Singular**, musst du zwischen maskulinen *(mon, ton, son)* und femininen *(ma, ta, sa)* Possessivbegleitern unterscheiden.
- Vor Nomen, die mit Vokal oder stummem *h* beginnen, stehen im Singular immer *mon, ton, son.*
- Vor männlichen und weiblichen Nomen im **Plural** verwendest du nur eine Form: *mes, tes, ses.*

F/D In der 3. Person Singular unterscheidet sich das Französische vom Deutschen.

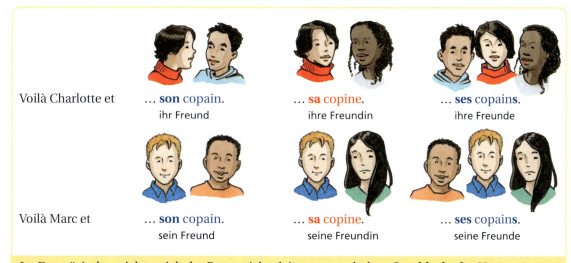

Im Französischen richtet sich der Possessivbegleiter nur nach dem **Geschlecht des Nomens** (*le copain*, *la copine*), nicht aber nach dem Geschlecht des „Besitzers".

der Possessivbegleiter = das besitzanzeigende Fürwort

dix-neuf **19**

4A/B

A G 17 *je fais, tu fais …* – Das Verb *faire*

Le verbe faire

W In G 5 hast du mit *être* das erste unregelmäßige Verb kennen gelernt.

Neu! Das Verb *faire* ist ebenfalls ein unregelmäßiges Verb.

	faire	[fɛʀ]	machen
je	fais		ich mache
tu	fais		du machst
il		[fɛ]	er macht
elle	fait		sie macht
on			man macht / wir machen
nous	fai**sons**	[fəzõ]	wir machen
vous	fai**tes**	[fɛt]	ihr macht / Sie machen
ils	**font**	[fõ]	sie machen
elles			

> je fais,
> tu fais,
> il/elle/on fait,
> nous faisons,
> vous faites,
> ils/elles font

L Wie die Formen von *être* kannst du die Formen von *faire* nicht vom
Infinitiv ableiten, wie du es bei den Verben auf *-er* (G 7) gelernt hast.
Deshalb musst du alle Formen lernen.

B G 18 *ne … pas* – Die Verneinung (1)

La négation

Marine et Charlotte cherchent un corres sur Internet:

Marine: Charlotte:

– Tu cliques sur filles?   – Non, je **ne** clique **pas** sur filles.

– Il aime les chiens?   – Non, il **n'**aime **pas** les chiens.

– C'est un garçon de Berlin? – Non, ce **n'est pas** un garçon de Berlin.

> Alors Max,
> non merci.
> Il n'est pas cool.

- Im Französischen besteht die Verneinung aus
  zwei Teilen: ***ne … pas.***
  Die beiden Verneinungswörter umschließen
  das Verb.

ne + **Verb** + *pas*

- Vor Vokal oder stummem *h* wird ***ne*** zu ***n'*** verkürzt.

20 vingt

C G19 j'ai, tu as … – Das Verb *avoir*

Le verbe avoir

Das Verb *avoir* ist ein weiteres unregelmäßiges Verb.

avoir	[avwaʀ]	haben
j' **ai**	[ʒe]	ich habe
tu **as**	[tya]	du hast
il **a**	[ila]	er hat
elle **a**	[ɛla]	sie hat
on **a**	[õna]	man hat / wir haben
nous **avons**	[nuzavõ]	wir haben
vous **avez**	[vuzave]	ihr habt / Sie haben
ils **ont**	[ilzõ]	sie haben
elles **ont**	[ɛlzõ]	sie haben

Achte gut auf deine Aussprache!

L Bei der 3. Person Plural musst du besonders aufpassen. Wenn du das *-s* der Liaison (Bindung) bei **ils_ont** scharf aussprichst, kann man die Form leicht mit **ils sont** (von *être*) verwechseln:

il**s_o**nt [ilzõ] sie haben
ils **s**ont [ilsõ] sie sind

⚡ Du musst dir besonders merken, dass die Altersangabe im Französischen mit *avoir* und nicht mit *être* gebildet wird.

| Tu **as** quel âge? | Wie alt **bist** du? |
| J' **ai** treize ans. | Ich **bin** dreizehn Jahre alt. |

*Im Französischen **hat** man die Jahre auf dem Buckel.*

G20 j'aime le foot / j'aime surfer – *aimer* + Nomen / *aimer* + Infinitiv

aimer qc etwas mögen/gern haben/lieben	**aimer faire qc** gerne etwas tun/machen
Marine **aime le cinéma**.	Marine **aime regarder** les films d'Astérix.
Marine n'**aime** pas **les ordinateurs**.	Marine n'**aime** pas **surfer** sur Internet.

Ebenso: adorer, détester

F/D Im Französischen steht bei *aimer* + Nomen immer der **bestimmte Artikel**. Im Deutschen entfällt der Artikel.

Marine aime **la** musique. Marine mag Musik.

vingt et un **21**

LEÇON 5

A G21 je vais, tu vas ... – Das Verb *aller*
*Le verbe **aller***

Das Verb ***aller*** ist ein weiteres unregelmäßiges Verb.

	aller	[ale]	gehen/fahren
je	**vais**	[ʒəvɛ]	
tu	**vas**	[tyva]	
il/elle/on	**va**	[il/ɛl/õva]	
nous	**allons**	[nuzalõ]	
vous	**allez**	[vuzale]	
ils/elles	**vont**	[il/ɛlvõ]	

L 1. Beachte die Aussprache: [v] und [f].

| je **v**ais | [vɛ] | ich gehe | ils **v**ont | [võ] | sie gehen |
| je **f**ais | [fɛ] | ich mache | ils **f**ont | [fõ] | sie machen |

> Es gibt nur vier Verben, die in der 3. Person Plural Präsens auf **-ont** enden; lerne sie am besten im „Paket":
> ***ils ont*** *(avoir)*,
> ***ils sont*** *(être)*,
> ***ils font*** *(faire)*,
> ***ils vont*** *(aller)*.

2. Achte auf die folgenden Präpositionen, die nach *aller* stehen. Sie drücken eine Bewegungsrichtung oder ein Ziel aus:

Nous allons | **à** Toulon. → Ort
            | **à** Paris.

Je vais | **chez** Marine. → Personen
        | **chez** ma copine.

> die Präposition
> = das Verhältniswort

22 vingt-deux

5A

G 22 *au / à la / à l' / aux* – Die Präposition *à* und der bestimmte Artikel
La préposition à et l'article défini

W In G 4 und G 13 hast du die bestimmten Artikel *le*, *la* und *les* kennen gelernt.

Neu! Wenn die Präposition *à* auf die bestimmten Artikel *le* oder *les* trifft, musst du folgende Besonderheiten beachten.

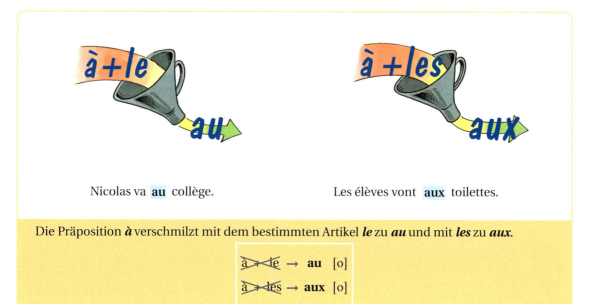

Nicolas va **au** collège.   Les élèves vont **aux** toilettes.

Die Präposition *à* verschmilzt mit dem bestimmten Artikel *le* zu *au* und mit *les* zu *aux*.

à + le → **au** [o]
à + les → **aux** [o]

L Die Verschmelzung der Präposition *à* mit den Artikeln musst du nur bei *le* und *les* beachten. In allen anderen Fällen ändert sich nichts.

Charlotte et Nicolas vont **à la** cantine.
à l' infirmerie.

> Mit *le* und *les* verschmilzt das *à*, vor *la* und *l'* aber bleibt es da.

5A

G 23 *vingt et un/une, vingt-deux ...* – Die Zahlen von 21 bis 69

Les nombres de 21 à 69

W In G 9 hast du bereits die Zahlen von 0 bis 20 gelernt.

Neu! Nun lernst du die Zahlen bis 69.

20 **vingt**	21	vingt et un/une	30 **trente**	31	trente et un/une
		[vɛ̃teɛ̃/yn]		32	trente-deux
[vɛ̃]			[tʀɑ̃t]		
	22	vingt-deux [vɛ̃tdø]	40 **quarante**	41	quarante et un/une
	23	vingt-trois		42	quarante-deux
	24	vingt-quatre	[kaʀɑ̃t]		
	25	vingt-cinq	50 **cinquante**	51	cinquante et un/une
	26	vingt-six		52	cinquante-deux
	27	vingt-sept	[sɛ̃kɑ̃t]		
	28	vingt-huit	60 **soixante**	61	soixante et un/une
	29	vingt-neuf		62	soixante-deux
			[swasɑ̃t]	69	soixante-neuf

- Bei den Zahlen 21, 31, 41, 51 und 61 wird die **1** immer **mit *et*** angeschlossen, **ohne Bindestrich** *(vingt et un/une)*.
- Die Zahlen **2 bis 9** werden **ohne *et***, aber **mit Bindestrich** angeschlossen *(trente-deux)*.

Die Zahlen 4, 14 und 40 sowie 5, 15 und 50 kann man leicht verwechseln. Deshalb musst du sie dir besonders einprägen.

4 = **quat**re	[katʀ]	5 = **cinq**	[sɛ̃k]
14 = **quat**orze	[katɔʀz]	15 = **quin**ze	[kɛ̃z]
40 = **quar**ante	[kaʀɑ̃t]	50 = **cinq**uante	[sɛ̃kɑ̃t]

Zahlen allein und vor Nomen

allein		vor Vokal oder stummem *h*		allein		vor Konsonant	
2 deux	[dø]	deux adresses	[døzadʀɛs]	5 cinq	[sɛ̃k]	cinq **m**inutes	[sɛ̃minyt]
3 trois	[tʀwa]	trois oranges	[tʀwazɔʀɑ̃ʒ]	6 six	[sis]	six **c**opains	[sikɔpɛ̃]
6 six	[sis]	six heures	[sizœʀ]	8 huit	[ɥit]	huit **CD**	[ɥisede]
10 dix	[dis]	dix élèves	[dizelɛv]	10 dix	[dis]	dix **c**ollèges	[dikɔlɛʒ]

Folgt dem Zahlwort ein Nomen, das mit Vokal oder stummem *h* beginnt, so bindet man das **-s** oder **-x** von ***deux, trois, six*** und ***dix*** und spricht es stimmhaft aus.

Folgt dem Zahlwort ein Nomen, das mit einem Konsonant beginnt, so wird der Endkonsonant von ***cinq, six, huit*** und ***dix*** nicht ausgesprochen.

24 vingt-quatre

5B

B G24 *Il est sept heures.* – Die Uhrzeit

L'heure

So fragst du nach der Uhrzeit:

Il est quelle heure?

Und so drückst du die Uhrzeit aus:

Il est …

7 h 00	**sept** heures	**… moins cinq**
10 h 00	**dix** heures	
13 h 00	**une** heure	
14 h 05	deux heures **cinq**	
14 h 15	deux heures **et quart**	
14 h 25	deux heures vingt-cinq	
14 h 30	deux heures **et demie**	
18 h 40	sept heures **moins** vingt	
19 h 45	huit heures **moins le quart**	
20 h 55	neuf heures **moins** cinq	

… cinq

… moins le quart

… et quart

… vingt-cinq

… et demie

12 h 00 Il est **midi**.   24 h 00 Il est **minuit**.

- In der Umgangssprache werden, wie im Deutschen, die Stunden für die Tages- und Nachtzeit von 1 bis 12 gezählt.

- Die **Minuten bis halb** werden zur vorhergehenden Stunde hinzugezählt.
Die Viertelstunde und die halbe Stunde hängst du mit *et* an die volle Stunde an *(quatre heures et quart, six heures et demie).*
Die Minuten werden ohne *et* angehängt *(trois heures cinq).*

- Die **Minuten nach halb** werden von der nächsten vollen Stunde mit **moins** *(minus)* abgezogen *(sept heures moins vingt, huit heures moins le quart, neuf heures moins cinq).*

1. Ab zwei Uhr steht *heure* im Plural. Beim Schreiben darfst du daher nie das Plural-**s** vergessen:
Il est une heure. / Il est deux heures.

2. Bei „Viertel nach …" steht kein Artikel: *quatres heures et quart*
Bei „Viertel vor …" steht der bestimmte Artikel: *huit heures moins le quart*

vingt-cinq **25**

LEÇON 6

A G 25 notre, votre, leur – nos, vos, leurs – Die Possessivbegleiter (Plural)
Les déterminants possessifs (pluriel)

W Die Possessivbegleiter im Singular kennst du bereits: **mon** *copain*, **ma** *copine*, **mes** *photos*.
Wenn du dich nicht mehr an deren Gebrauch erinnern kannst, sieh dir nochmals G 16 an.

Neu! Du lernst nun die Possessivbegleiter der 1. bis 3. Person Plural kennen.

	le copain / la copine (Singular)	les copains / les copines (Plural)
Nous cherchons	notre copain / notre copine,	nos copains / nos copines.
Vous cherchez	votre copain / votre copine,	vos copains / vos copines.
Ils/Elles cherchent	leur copain / leur copine,	leurs copains / leurs copines.

Die Possessivbegleiter der 1. bis 3. Person Plural werden für **mehrere Besitzer** verwendet.
Sie unterscheiden nur zwischen Singular und Plural des folgenden Nomens:

Vor Nomen im **Singular** stehen: Vor Nomen im **Plural** stehen:

notre   **nos**
votre } sac   **vos** } sacs
leur   **leurs**

leur sac

leurs sacs

L 1. Das **-s** von **nos, vos, leurs** wird vor Vokal und stummem *h* gebunden.

   nos‿ordinateurs [nozɔʀdinatœʀ]   vos‿heures de maths [vozœʀdəmat]

2. **Votre** und **vos** werden auch als Höflichkeitsform verwendet
   (d.h., wenn du jemanden siezt).

   C'est **votre** projet? ⟨ ... **Ihr** Projekt?   Ce sont **vos** photos? ⟨ ... **Ihre** Fotos?
                              ... **euer** Projekt?   ... **eure** Fotos?

6A/B

G 26 je prends, tu prends … – Das Verb *prendre*
Le verbe prendre

Das Verb *prendre* ist ein weiteres unregelmäßiges Verb.

	prendre	[pʀɑ̃dʀ]	nehmen
je	prend**s**		
tu	prend**s**	[pʀɑ̃]	
il/elle/on	prend		
nous	pren**ons**	[pʀənɔ̃]	
vous	pren**ez**	[pʀəne]	
ils/elles	pre**nn**ent	[pʀɛn]	

Ebenso: comprendre (je comprends, …)

⚡ Denk' daran: ils pre**nn**ent schreibt sich mit „**Doppel-n**".

B G 27 *du / de la / de l' / des* – Die Präposition *de* und der bestimmte Artikel
La préposition de et l'article défini

W Aus G 22 weißt du bereits, dass die Präposition *à* vor *le* und *les* zu *au* und *aux* verschmilzt.

Neu! Ähnliches trifft auf die Präposition *de* zu, wenn sie vor den bestimmten Artikeln *le* und *les* steht.

Nicolas prend des photos **du** quartier.   C'est la place **des** peintres.

- Die Präposition *de* verschmilzt mit dem bestimmten Artikel *le* zu *du* und mit *les* zu *des*.

  de + le → **du** [dy]
  de + les → **des** [de]

- Vor Vokal oder stummem *h* wird *des* gebunden: des͜ églises [dezegliz]

Die angegebene Verschmelzung der Präposition *de* mit den Artikeln musst du nur bei *le* und *les* beachten. In allen anderen Fällen ändert sich nichts.

Charlotte regarde les photos   **de**   Nicolas.
                               de la tour Eiffel.
                               de l' église.
                               de ses copains.

vingt-sept **27**

Révisions 2

Verben

G 17, 19, 21, 26

	faire		avoir		aller		prendre
je	fais	j'	ai	je	vais	je	prends
tu	fais	tu	as	tu	vas	tu	prends
il/elle/on	fait	il/elle/on	a	il/elle/on	va	il/elle/on	prend
nous	faisons	nous	avons	nous	allons	nous	prenons
vous	faites	vous	avez	vous	allez	vous	prenez
ils/elles	font	ils/elles	ont	ils/elles	vont	ils/elles	prennent

Verneinung (1)

G 18

Die Verneinung besteht im Französischen aus den zwei Worten: **ne … pas**. Sie umschließen das Verb.

Marine **ne** *clique* **pas** sur Allemange, elle clique sur France.

Charlotte **n'***est* **pas** dans le salon, elle est dans la cuisine.

28 vingt-huit

Révisions 2

Nomen und Begleiter

G 16, 25

	männliche Nomen	weibliche Nomen		Plural der Nomen
		mit Vokal	mit Konsonant	
ein Besitzer	**mon** copain / **mon** éléphant **ton** copain / **ton** éléphant **son** copain / **son** éléphant	**mon** adresse **ton** adresse **son** adresse	**ma** copine **ta** copine **sa** copine	**mes** copains **tes** adresses **ses** copines
mehrere Besitzer	**notre** copain **votre** adresse **leur** copine			**nos** copains **vos** adresses **leurs** copines

Artikel

G 22, 27

Die Präposition **à** wird mit den bestimmten Artikeln **le** und **les** zusammengezogen:

à + le → Je vais **au** collège.   à + les → Je vais **aux** toilettes.

Die bestimmten Artikel **la** und **l'** bleiben immer erhalten.

à + la → Je vais **à la** cantine.   à + l' → Je vais **à l'**infirmerie.

Auch die Präposition **de** wird mit den bestimmten Artikeln **le** und **les** zusammengezogen:

de + le → Voilà une photo **du** Centre Pompidou.   de + les → Voilà une photo **des** copains.

Die bestimmten Artikel **la** und **l'** bleiben immer erhalten.

de + la → Voilà une photo **de la** tour Eiffel.   de + l' → Voilà une photo **de l'**église.

vingt-neuf **29**

On fait des révisions.

Mit den folgenden Aufgaben kannst du kontrollieren, ob du die Grammatik aus den **Lektionen 4 bis 6** beherrschst. Schreibe die Lösungen in dein Heft! (Die Lösungen findest du auf S. 49.)

Verben

A *Complète (Ergänze) avec **faire, avoir, aller, prendre**.* G 17, 19, 21, 26

1. Vous ? des photos? – Oui, nous ? des photos
   pour un projet.
2. Tu ? quel âge? – Moi, j' ? 13 ans. Mais mes
   copains ? déjà 15 ans.
3. Julien, tu ? où? – Je ? chez Marine.
   Farid et Rémi, vous ? où? – Nous ? au cinéma.
4. Qu'est-ce que vous ? ? – Je ? une quiche.
   Et les garçons ? des pizzas.

faire

avoir

aller

prendre

Verneinung (1)

B *Fais la négation avec **ne ... pas**. (Verneine mit ne ... pas.)* G 18

1. Tu es de Berlin? – Non, je ? de Berlin.
2. Simon aime le ping-pong? – Non, il ? le ping-pong.
3. C'est l'adresse de Simon? – Non, ce ? l'adresse de Simon.
4. Il aime surfer sur Internet? – Non, il ? sur Internet.

Nomen und Begleiter

C *Complète avec les déterminants possessifs. (Ergänze mit den Possessivbegleitern.)* G 16, 25

1. Charlotte est dans ? chambre avec ? copine de Toulouse. – Charlotte, c'est ? ordinateur?
   – Oui, je prépare une page Internet avec des photos de ? école, de ? classe et de ? profs.
2. Charlotte et Marine sont au CDI. Avec ? copains, elles préparent la page Internet
   pour ? projet. – Charlotte et Marine, où sont ? photos? – ? photos? Voilà des photos
   de ? école, de ? classe et de ? profs.

Artikel

D *Complète avec **à/de + (le, la, l', les)**. (Ergänze mit à/de + (le, la, l', les).)* G 22, 27

1. Tu vas où, Farid? – Je vais d'abord ? cantine, puis je vais ? CDI.
   Et toi, Pierre? – Je vais ? toilettes.

2. Les copains et Nicolas arrivent à la Samaritaine.
   ? terrasse, on a une vue super. Nicolas prend des photos
   ? quartier, ? église Notre-Dame et ? copains.

3. Les copains prennent le métro pour aller ? Samaritaine.
   Plus tard, ils vont à Montmartre et Nicolas prend des photos ? peintres
   et ? touristes. A midi, ils ont faim. Alors, ils vont ? Centre Pompidou.
   Les sandwichs ? boulangerie ? rue du Renard sont super.

à + (le, la, l', les)

de + (le, la, l', les)

à/de + (le, la, l', les)

30 trente

LEÇON 7

A G 28 *un kilo de … / beaucoup de …* – Mengenangaben

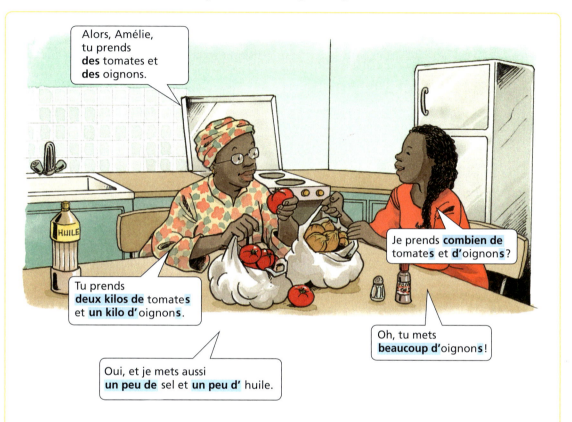

- Nach Wörtern, die **eine bestimmte Menge** *(un kilo, une bouteille …)* oder **eine unbestimmte Menge** *(beaucoup, un peu …)* ausdrücken, steht immer **de/d' + Nomen.**
- Bei einer **zählbaren Menge** steht das **Nomen** im **Plural** *(un kilo de **pommes**/beaucoup de **pommes**).*
- Bei einer **nicht zählbaren Menge** steht das **Nomen** im **Singular** *(un kilo de **sel**/beaucoup de **sel**).*

Mengenangabe + *de / d'* + Nomen im Plural	→ zählbare Menge	*(un kilo de **pommes**)*
Mengenangabe + *de / d'* + Nomen im Singular	→ nicht zählbare Menge	*(un kilo de **sel**)*

F/E/D Ähnliches kennst du aus dem Englischen, nicht aber aus dem Deutschen.

F	une bouteille	**de**	coca
E	a bottle	**of**	coke
D	eine Flasche	—	Cola

trente et un **31**

7A

G 29 *j'achète, nous achetons* – Das Verb *acheter*

Le verbe acheter

W Du kennst aus G 7 schon regelmäßige Verben auf *-er*, z.B.: *cherch**er**, aim**er***

Neu! Auch *acheter* ist ein Verb auf *-er*. Es weist jedoch einige **Besonderheiten** in der Schreibung und der Aussprache auf.

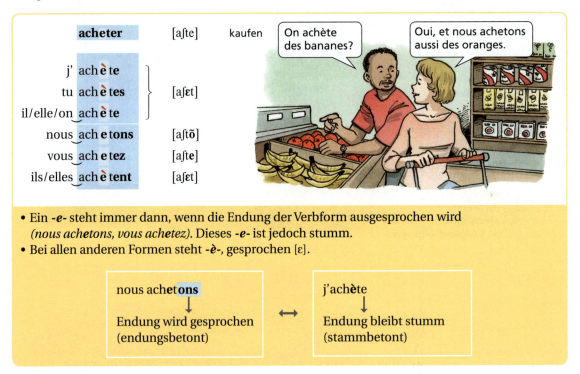

acheter	[aʃte]	kaufen
j'ach**è**te		
tu ach**è**tes	[aʃɛt]	
il/elle/on ach**è**te		
nous ach**e**tons	[aʃtɔ̃]	
vous ach**e**tez	[aʃte]	
ils/elles ach**è**tent	[aʃɛt]	

- Ein *-e-* steht immer dann, wenn die Endung der Verbform ausgesprochen wird *(nous achetons, vous achetez)*. Dieses *-e-* ist jedoch stumm.
- Bei allen anderen Formen steht *-è-*, gesprochen [ɛ].

nous ach**et**ons → Endung wird gesprochen (endungsbetont) ↔ j'ach**è**te → Endung bleibt stumm (stammbetont)

G 30 *soixante-dix, soixante et onze …* – Die Zahlen von 70 bis 100

Les nombres de 70 à 100

70 soixante-dix	71 soixante **et** onze
	72 soixante-douze
	79 soixante-dix-neuf
80 quatre-vingt**s**	81 quatre-ving**t-un/une**
	82 quatre-vingt-deux
	89 quatre-vingt-neuf
90 quatre-vingt-dix	91 quatre-ving**t-onze**
	92 quatre-vingt-douze
	99 quatre-vingt-dix-neuf
100 cent [sɑ̃]	

- 70 bis 79 bildet man so: 60 + 10/+11/+12 … +19 *(soixante-dix, soixante et onze …)*
- 80 entspricht 4 x 20. Quatre-vingts schreibt man mit *-s*. Sobald aber auf 80 eine Zahl folgt, fällt das *-s* weg.
- 81 bis 99 werden gebildet aus: 80 + 1/2/3 … bis 19.
- 81 und 91 werden nicht mit *et*, sondern **mit Bindestrich** geschrieben.

32 trente-deux

7 B/C

B G 31 *je mets, tu mets … – Das Verb *mettre*
Le verbe mettre

Das Verb *mettre* ist ein unregelmäßiges Verb.

mettre	[mɛʀ]	setzen / stellen / legen
je me**ts**		
tu me**ts**	[mɛ]	
il/elle/on me**t**		
nous me**ttons**	[mɛtõ]	
vous me**ttez**	[mɛte]	
ils/elles me**ttent**	[mɛt]	

- Der Verbstamm endet im Singular mit einem *-t-*, an das die Personalendungen *-s, -s* angehängt werden (*je mets*, *tu mets*).
- In der 3. Person Singular wird keine Endung angehängt.
- Im Plural steht, wie beim Infinitiv, immer *-tt-*, an das die Personalendungen *-ons, -ez, -ent* angehängt werden.

L

Mettre ist doch kinderleicht,
im **Singular** ein **t**, das reicht.
Der **Plural** aber, der braucht mehr,
ein **Doppel-t** muss deshalb her.

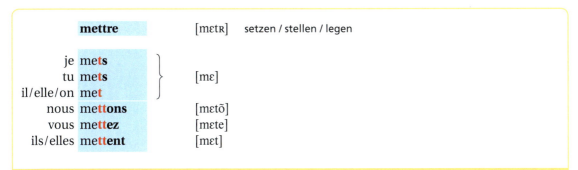

C G 32 *je mange, nous mangeons* – Das Verb *manger*
Le verbe manger

W Mit *acheter* (G 29) kennst du bereits ein Verb auf *-er* mit Besonderheiten.

Neu! Das Verb *manger* ist ebenfalls ein Verb auf *-er*, das eine Besonderheit hat.

manger	[mɑ̃ʒe]	essen
je mang**e**		
tu mang**es**	[mɑ̃ʒ]	
il/elle/on mang**e**		
nous mang**eons**	[mɑ̃ʒõ]	
vous mang**ez**	[mɑ̃ʒe]	
ils/elles mang**ent**	[mɑ̃ʒ]	

Amélie, Amadou, Abdou! On mange maintenant.

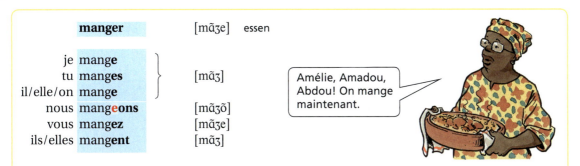

- Die Besonderheit beim Verb *manger* liegt in der 1. Person Plural: *nous mangeons*. Hier wird ein *-e-* eingeschoben, um die Aussprache von **g** als [ʒ] zu erhalten.

7C

G 33 je préfère, nous préférons – Das Verb préférer
Le verbe préférer

Wie *acheter* hat auch das Verb **préférer** Besonderheiten in Schreibung und Aussprache.

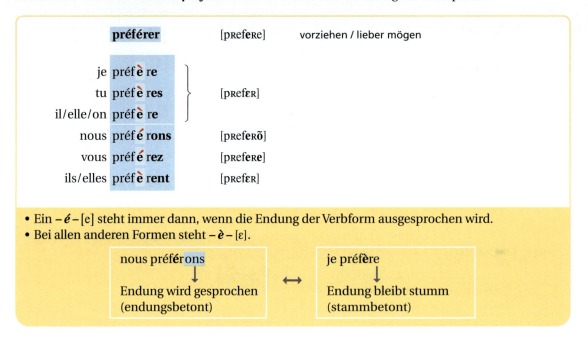

- Ein – **é** – [e] steht immer dann, wenn die Endung der Verbform ausgesprochen wird.
- Bei allen anderen Formen steht – **è** – [ɛ].

nous préf**é**rons	↔	je préf**è**re
Endung wird gesprochen (endungsbetont)		Endung bleibt stumm (stammbetont)

L Auf *préférer* können ein Infinitiv oder ein Nomen folgen:

Das kennst du schon von *aimer* aus G 20.

J'   aime   aller   au cinéma.
Je **préfère**   aller   au cinéma.

préférer + Infinitiv

J'   aime   le foot.
Je **préfère**   le foot.

préférer + Nomen

J'aime surfer sur Internet.

Moi, je préfère aller au cinéma.

LEÇON 8

A G34 aller faire qc – Das *futur composé*

Le futur composé

Mit dem *futur composé* kannst du ausdrücken, dass eine Handlung in der **Zukunft** liegt.

Demain, c'est la fête du club de roller:

Aujourd'hui,

Julien **achète** le jus d'orange.
Heute kauft Julien den Orangensaft.

Demain,

il **va acheter** les chips.
Morgen **wird** er die Chips **kaufen**.

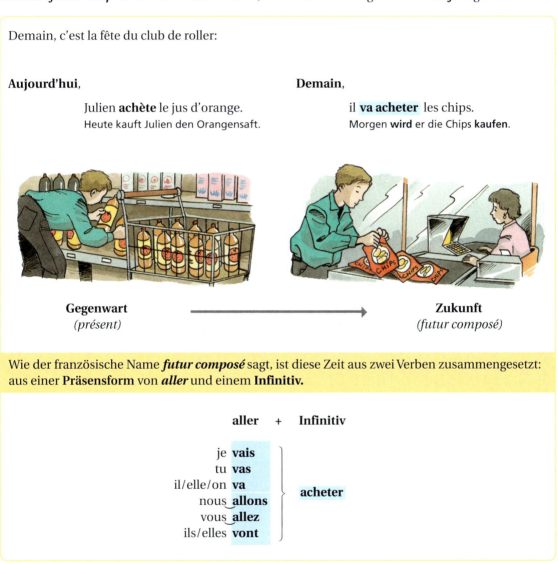

Gegenwart
(*présent*)

Zukunft
(*futur composé*)

Wie der französische Name *futur composé* sagt, ist diese Zeit aus zwei Verben zusammengesetzt: aus einer **Präsensform** von *aller* und einem **Infinitiv**.

aller + Infinitiv

je **vais**
tu **vas**
il/elle/on **va**
nous **allons**
vous **allez**
ils/elles **vont**

} acheter

⚡ Bei der **Verneinung** umschließt *ne … pas* immer die konjugierte Form von *aller*. Der Infinitiv wird nicht in die Verneinung eingeschlossen.

Je **ne** vais **pas** jouer avec Léo.

Nous **n'** allons **pas** arriver avant midi.

trente-cinq **35**

8A

A G 35 Quand est-ce que …? (= Fragewort + *est-ce que*) – Fragen stellen (7)

W In G 10 hast du gelernt, wie du mit der Frageformel *Est-ce que …?* eine Frage bilden kannst:
Est-ce que Farid cherche un cadeau? – Oui, il cherche un cadeau.

Neu! Die Frageformel *Est-ce que …?* wird bei folgenden vier Fragen mit **Fragewort** gebraucht.

Was …?	**Qu'**	**est-ce que**	tu achètes?
Wo …?	**Où**	**est-ce qu'**	on fait la fête?
Wann …?	**Quand**	**est-ce que**	la fête va commencer?
Warum …?	**Pourquoi**	**est-ce qu'**	ils vont faire une fête?

Fragewort + { *est-ce que* / *est-ce qu'* } + **Aussagesatz**

- Die Frageformel *Est-ce que …?* steht **nach** dem Fragewort.
- Nach *est-ce que* bleibt die Reihenfolge der Wörter wie im Aussagesatz:
  est-ce que + Subjekt + Verb + Objekt (*Où est-ce que Julien achète les chips?*)
- Vor Vokal und stummem *h* wird *est-ce que* zu *est-ce qu'* verkürzt.

G 36 Pourquoi est-ce que …? – Parce que … – Einen Grund angeben

W In G 35 hast du gelernt, dass man mit dem Fragewort *Pourquoi est-ce que …?* nach einem Grund fragen kann.

Neu! Mit *parce que* kannst du auf diese Frage antworten.

Warum …?	**Pourquoi** **est-ce que**	tu achètes des pizzas?
…, weil	J'achète des pizzas **parce que**	mes copains ont faim.
	J'achète des pizzas **parce qu'**	on a faim.

- Mit *parce que* kannst du etwas begründen.
- Vor Vokal und stummem *h* wird *parce que* zu *parce qu'*.

8B

B G37 *Ecoutez et écrivez.* – Der Imperativ
L'impératif

Für einen Befehl oder eine Aufforderung gebraucht man den **Imperativ**, die Befehlsform des Verbs, z. B.: ***Ecoutez.*** / Hört zu!

Mit dem Imperativ richtest du dich an:

– **eine** Person, die du duzst.	Ecoute. Hör zu!	
– **eine Gruppe**, der du selbst angehörst.	Ecoutons un CD. Hören wir eine CD an!	
– **mehrere** Personen oder **eine** Person, die du siezt.	Ecoutez le texte. Hört euch den Text an! / Hören Sie sich den Text an!	

- Der Imperativ Singular hat die gleiche Form wie die 1. Person Singular.

    Joue. → je **joue**

- Die Imperative Plural haben die gleiche Form wie die 1. und 2. Person Plural.

    Jouons. → nous **jouons**
    Jouez. → vous **jouez**

L Achte auf den Unterschied zwischen

– dem Infinitiv: demand**er** [dəmɑ̃de] – **Infinitiv** (fragen)
– und dem Imperativ: Demand**ez**. [dəmɑ̃de] – **Imperativ** (Fragt! / Fragen Sie!)

> **Achtung:**
> Im Deutschen steht nach dem Imperativ ein Ausrufezeichen *(Fragt! Fragen Sie!)*.
> Im Französischen steht meistens ein Punkt *(Demandez.)*.

Der Imperativ = die Befehlsform

trente-sept **37**

LEÇON 9

G 38 *je veux, je peux* – Die Verben *vouloir* und *pouvoir*
Les verbes vouloir et pouvoir

Vouloir und *pouvoir* sind zwei unregelmäßige Verben.

	vouloir	[vulwaʀ] wollen		**pouvoir**	[puvwaʀ] können
je	**veux**		je	**peux**	
tu	**veux**	[vø]	tu	**peux**	[pø]
il/elle/on	**veut**		il/elle/on	**peut**	
nous	voul**ons**	[vulɔ̃]	nous	pouv**ons**	[puvɔ̃]
vous	voul**ez**	[vule]	vous	pouv**ez**	[puve]
ils/elles	**veulent**	[vœl]	ils/elles	**peuvent**	[pœv]

L Auf *vouloir* und *pouvoir* kann ein Infinitiv folgen:

> Das kennst du schon von *aimer* (G 20) und *préférer* (G 33).

Amélie: Tu aimes aller au cinéma?
Charlotte: Non, je préfère aller au club de roller.

Amélie: Tu **veux aller** au cinéma?
Charlotte: Non, je ne **peux** pas **aller** au cinéma. J'ai rendez-vous avec Sébastien.

Vouloir und *pouvoir* können wie im Deutschen einen Infinitiv bei sich haben.
(Tu **veux aller** au cinéma? – **Willst** du ins Kino **gehen**?)

Bei der **Verneinung** umschließen **ne … pas** die **konjugierte Form** von *vouloir* oder *pouvoir*.

(Non, je ne **peux** pas **aller** au cinéma.)

Tu veux faire le «Grand Splatch»?

Oui. Et après, nous pouvons aller au «Grand Huit».

38 trente-huit

Révisions 3

Déjà vu!

Mengenangaben
- un kilo de
- beaucoup de
- un peu de

Fragen
- Qu'est-ce que …?
- Où est-ce que …?
- Quand est-ce que …?
- Pourquoi est-ce que …?

Verben
- mettre
  vouloir
  pouvoir
- futur composé
- *ne … pas* beim futur composé
- Imperativ

Mengenangaben

Nach Wörtern, die eine Mengenangabe ausdrücken, steht immer: *de* (vor Vokal: *d'*).   G 28

Bei **Mengenangaben** musst du unterscheiden zwischen:
einer **bestimmten Menge**: *un kilo de pommes* und
einer **unbestimmten Menge**: *beaucoup d'huile / un peu de sel*.

Beachte:
Bei einer **zählbaren Menge** steht das **Nomen** im **Plural** *(un kilo de pommes / beaucoup de pommes)*.
Bei einer **nicht zählbaren Menge** steht das **Nomen** im **Singular** *(un kilo de sel / beaucoup de sel)*.

Verben

Die Verben **mettre**, **vouloir** und **pouvoir** sind unregelmäßig.   G 31, 38
Hier musst du alle Formen lernen:

mettre		**vouloir**		**pouvoir**	
je	me**ts**	je	**veux**	je	**peux**
tu	me**ts**	tu	**veux**	tu	**peux**
il/elle/on	me**t**	il/elle/on	**veut**	il/elle/on	**peut**
nous	me**ttons**	nous	voul**ons**	nous	pouv**ons**
vous	me**ttez**	vous	voul**ez**	vous	pouv**ez**
ils/elles	me**ttent**	ils/elles	**veulent**	ils/elles	**peuvent**

Auf die Verben **vouloir** und **pouvoir** folgt oft ein **Infinitiv**.

Charlotte		**veut**		**faire** des photos de ses copains.
Elle	ne	**peut**	pas	**faire** la photo de Rémi: il est malade.
	(ne)	Verb	(pas)	Infinitiv

> **vouloir**
> **pouvoir** + **Infinitiv**

trente-neuf **39**

Révisions 3

Verben

Im Französischen gibt es drei **Imperativformen**:   G 37

j'	entre	→ Entre, Amélie.
nous	entr**ons**	→ Entr**ons.**
vous	entr**ez**	→ Entr**ez.**

Im Französischen steht nach dem Imperativ meistens kein Ausrufezeichen.

le futur composé

Für Handlungen, die in der Zukunft liegen, kannst du das **futur composé** benutzen.   G 34
Es wird aus einer Form von **aller** und dem **Infinitiv** des Verbs gebildet.

aller + Infinitiv

	je	**vais**	préparer	
	tu	**vas**	préparer	
Demain,	il/elle/on	**va**	préparer	une rando roller.
	nous	**allons**	préparer	
	vous	**allez**	préparer	
	ils/elles	**vont**	préparer	

Bei der **Verneinung des futur composé** umschließt *ne … pas* das Verb *aller*.

On va inviter les profs ? Non, on **ne va pas inviter** les profs.

Fragen

Um eine Frage mit einem Fragewort zu formulieren,   G 35, 36
hast du folgende Möglichkeiten:

Que … ?	**Qu'est-ce que** tu achètes?	J'achète **des fruits**.
Où … ?	**Où est-ce que** tu vas?	Je vais **au club de roller**.
Quand … ?	**Quand est-ce que** tu as rendez-vous?	J'ai rendez-vous **à huit heures**.
Pourquoi … ?	**Pourquoi est-ce que** tu apportes tes CD?	**Parce que** c'est une soirée karaoké.

40 quarante

On fait des révisions.

Mit den folgenden Aufgaben kannst du kontrollieren, ob du die Grammatik aus den **Lektionen 7 bis 9** beherrschst. Schreibe die Lösungen in dein Heft! (Die Lösungen findest du auf S. 49.)

Mengenangaben

A *Complète avec **de, d', des**. (Ergänze mit de, d', des.)* G 28

1. – Mamie, pour la marinade, je prends combien ? oignons et ? citrons?
   – Eh bien, Amélie, tu prends un kilo ? oignons et beaucoup ? citrons.
2. – C'est tout? –Non, je mets encore un peu ? sel, un peu ? poivre et un peu ? huile.
3. – Comme dessert, on prépare une salade de fruits? –Ah oui, on a encore beaucoup ? pommes
   et ? bananes. Alors, on achète encore un kilo ? oranges, d'accord?

Verben

B *Complète (Ergänze): **mettre, vouloir, pouvoir*** G 31, 38

1. **mettre**
Amadou et Abdou, vous ? la table, s'il vous plaît? – Une minute, mamie. Où est-ce qu'on
? la chaise pour Charlotte? Ah, voilà, nous ? la chaise ici.

2. **vouloir**
Charlotte, tu ? encore un peu de poulet? – Oui, madame, je ? bien. – Et vous, les garçons?
Vous ? un peu de riz? – Ah non, mamie. Nous ? un peu de poulet.

3. **pouvoir**
Amélie: Avec leurs gris-gris, mes frères ? avoir des super notes.
Mamie: Oui. Et avec un gris-gris, on ? aussi trouver des copains et des copines! Amélie et
    Charlotte, j'ai des bracelets pour vous.
Amélie: Super, mamie, nous ? mettre les bracelets tout de suite?

4. **vouloir** + Infinitiv / **pouvoir** + Infinitiv
(faire) Charlotte tu ? un match de ping-pong avec nous, après le repas? – *(jouer)* Non,
merci, je ne ? pas ? avec vous. *(apprendre)* Je ? un peu de géo.

Verben

C *Mets le **futur composé**. (Setze das futur composé ein.)* G 34

1. Mme Garnier **fait** des courses. 2. *Julie:* Je **vais** au cinéma. 3. Julien et Karim **achètent** des CD
pour l'anniversaire de Maxime. 4. *Pierre et Farid:* Nous **avons** un match de foot. 5. Charlotte et
Sophie, vous **téléphonez** à Malika et Isabelle? 6. Léa, tu **prépares** ton interro de maths? 7. On
n'invite pas les parents à la fête du club.

Fragen

D *Pose des questions avec **qu'est-ce que, quand est-ce que, pourquoi est-ce que,*** G 35, 36
*   ***où est-ce que**. (Stelle Fragen.)*

1. Pierre et ses copains organisent **une fête.** 2. Pour la fête, ils vont acheter **des chips et des
bouteilles de coca.** 3. Ils vont faire la fête **dans la salle du club de roller.** 4. Ils vont faire la fête
samedi. 5. Ils font une fête **parce que le club a dix ans.**

Verben

E *Donne **l'impératif**. (Gib den Imperativ an.)* G 37

1. Farid, **tu regardes** ton livre page 37? 2. Charlotte et Maxime, **vous cherchez** l'adresse pour le
projet Internet? 3. Maintenant, **nous écoutons** un CD de rap.

quarante et un **41**

MODULE 1

G 39 *je vends, j'attends* – **Die Verben auf -*dre* (Präsens)**

Les verbes en -dre (présent)

W Seit G 7 kennst du die Präsensformen der regelmäßigen Verben auf *-er*.

Neu! Nun lernst du eine **zweite Gruppe regelmäßiger Verben** kennen: die Verben auf ***-dre***.

	vendre	[vɑ̃dʀ]	verkaufen		**attendre**	[atɑ̃dʀ]	warten
je	vend**s**			j'	attend**s**		
tu	vend**s**	[vɑ̃]		tu	attend**s**	[atɑ̃]	
il/elle/on	ven**d**			il/elle/on	atten**d**		
nous	vend**ons**	[vɑ̃dɔ̃]		nous‿attend**ons**		[atɑ̃dɔ̃]	
vous	vend**ez**	[vɑ̃de]		vous‿attend**ez**		[atɑ̃de]	
ils/elles	vend**ent**	[vɑ̃d]		ils/elles‿attend**ent**		[atɑ̃d]	

Ebenso: répon**dre** (je réponds, …)   **Ebenso:** enten**dre** (j'entends, …)

Imperativ:
Vend**s**.
Vend**ons**.
Vend**ez**.

Imperativ:
Attend**s**.
Attend**ons**.
Attend**ez**.

- Die Verben auf ***-dre*** haben im Präsens folgende Endungen: ***-s, -s, -d, -ons, -ez, -ent***.
- Nur die Endungen ***-ons*** und ***-ez*** werden ausgesprochen. Die anderen Endungen sind stumm.

L Beachte die Aussprache.

il ven**d**	ils ven**d**ent
[vɑ̃]	[vɑ̃d]
il atten**d**	ils atten**d**ent
[atɑ̃]	[atɑ̃d]

On attend depuis vingt minutes!

42 quarante-deux

G 40 *Je le regarde.* – Die direkten Objektpronomen *le, la, l', les*

*Les pronoms objets **le, la, l', les***

Nicolas aime **le collège**.	**direktes Objekt**	• Das direkte Objekt (hier: *le collège*) folgt immer „direkt" hinter dem Verb *(Benoît aime le collège).*
Il **le** trouve super.	**direktes Objektpronomen**	• Es kann durch ein Pronomen ersetzt werden. Dieses Pronomen heißt **direktes Objektpronomen** (hier: *le*).

Nicolas: Où est **le coca** ?
Je **le** cherche depuis cinq minutes.

Alexandre: **Le coca** est sur la table.
Je **l'** apporte tout de suite.

Nicolas: On prend **la salade de riz** ?
Alexandre: Oui, je **la** mets dans mon sac.

Nicolas: Tu apportes aussi **la baguette** ?
Alexandre: Oui, je **l'** apporte.

Nicolas: Je prends aussi **les sandwichs** *(m.)*.
Je **les** mets dans mon sac.

Alexandre: On regarde **les photos** *(f.)* de Paris?
Nicolas: Oui, d'accord. Je **les** ai dans mon sac.

• Die direkten Objektpronomen *le, la, les* haben dieselbe Form wie der bestimmte Artikel.
• Sie stehen direkt **vor dem Verb** *(Je le cherche. / Je les mets …)*
• Vor **Vokal** und **stummem h** werden *le* und *la* zu *l'*.

Alors, tes copains au collège, ils sont comment?

Oh, ils sont super cool.

 Bei der **Verneinung** umschließt *ne … pas* das Objektpronomen und das Verb:

Nicolas: On prend aussi **le poulet**? – Alexandre: Non, on **ne le** prend **pas**.

G 41 j'ai mangé, tu as mangé – Das *passé composé* mit *avoir*

Le passé composé avec avoir

W Bisher kennst du zwei Zeitformen: das *présent* (Gegenwart) und das *futur composé* ('zusammengesetzte Zukunft'):

présent: je **mange**
futur composé: je **vais manger**

Neu! Mit dem *passé composé* ('zusammengesetzte Vergangenheit') kannst du Handlungen ausdrücken, die in der **Vergangenheit** stattgefunden haben. Die Mehrzahl der französischen Verben bilden das *passé composé* mit *avoir*.

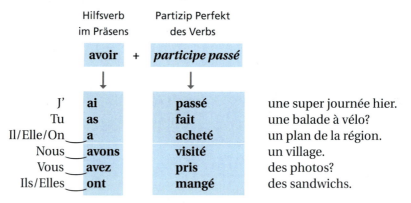

- Die **Verben auf -er** bilden das *participe passé* auf **-é**, gesprochen [e],
  Infinitiv: mang|er| *participe passé*: mang|é|.

- Die **unregelmäßigen Verben** *prendre, faire, pouvoir* und *vouloir* haben ein unregelmäßiges *participe passé*:

j'ai	pris
j'ai	fait
j'ai	pu
j'ai	voulu

Diese Formen musst du dir besonders einprägen.

⚡ Beachte, dass es bei den Verben auf *-er* in der **Aussprache** keinen Unterschied zwischen *participe passé* und **Infinitiv** gibt:

J'ai mang**é** [e] un sandwich.   Je veux mang**er** [e] un sandwich.
  ↓   ↓
participe passé   **Infinitiv**

44 quarante-quatre

A N H A N G

Regelmäßige Verben auf *-er*

Infinitiv	Formen				Imperativ	Ebenso
chercher (G 7) suchen	je	cherche	nous	cherchons	Cherche … Cherchons … Cherchez …	trouver détester préparer chanter
	tu	cherches	vous	cherchez		
	il	cherche	ils	cherchent		
aimer (G 7) lieben, mögen	j'	aime	nous	aimons	Aime … Aimons … Aimez …	
	tu	aimes	vous	aimez		
	il	aime	ils	aiment		

Verben auf *-er* mit Besonderheiten

Infinitiv	Formen				Imperativ
acheter (G 29) kaufen	j'	achète	nous	achetons	Achète … Achetons … Achetez …
	tu	achètes	vous	achetez	
	il	achète	ils	achètent	
manger (G 32) essen	je	mange	nous	mangeons	Mange … Mangeons … Mangez …
	tu	manges	vous	mangez	
	il	mange	ils	mangent	
préférer (G 33) vorziehen, lieber mögen	je	préfère	nous	préférons	Préfère … Préférons … Préférez …
	tu	préfères	vous	préférez	
	il	préfère	ils	préfèrent	

Unregelmäßige Verben

Infinitiv	Formen				Imperativ
aller (G 21) gehen, fahren	je	vais	nous	allons	Va … Allons … Allez …
	tu	vas	vous	allez	
	il	va	ils	vont	
avoir (G 19) haben	j'	ai	nous	avons	
	tu	as	vous	avez	
	il	a	ils	ont	
être (G 5) sein	je	suis	nous	sommes	
	tu	es	vous	êtes	
	il	est	ils	sont	
faire (G 17) machen	je	fais	nous	faisons	Fais … Faisons … Faites …
	tu	fais	vous	faites	
	il	fait	ils	font	
mettre (G 31) setzen, stellen, legen	je	mets	nous	mettons	Mets … Mettons … Mettez …
	tu	mets	vous	mettez	
	il	met	ils	mettent	
pouvoir (G 38) können	je	peux	nous	pouvons	
	tu	peux	vous	pouvez	
	il	peut	ils	peuvent	
prendre (G 26) nehmen	je	prends	nous	prenons	Prends … Prenons … Prenez …
	tu	prends	vous	prenez	
	il	prend	ils	prennent	
vouloir (G 38) wollen	je	veux	nous	voulons	
	tu	veux	vous	voulez	
	il	veut	ils	veulent	

quarante-cinq **45**

ANHANG

Verzeichnis der grammatischen Begriffe

- In der **linken Spalte** findest du die in diesem Grammatischen Beiheft verwendeten Begriffe. Dort stehen auch Begriffe, die zwar in dieser Grammatik nicht verwendet werden, jedoch möglicherweise von deiner Lehrerin/deinem Lehrer benützt werden. Das Grammatikkapitel (G …) nennt die Stelle, an der du etwas über den Begriff erfährst.
- Die **mittlere Spalte** enthält die deutschen Entsprechungen der verwendeten Begriffe.
- In der **rechten Spalte** werden die französischen Entsprechungen sowie französische Beispiele aufgeführt.

Verwendete Begriffe	Entsprechungen	Französische Bezeichnungen und Beispiele
Apostroph	Auslassungszeichen	*C'est l'orange d'Amélie.*

Artikel (G 3, 4, 13, 14)
• **bestimmter ~**
 	
• **unbestimmter ~**
	Geschlechtswort	l'article
		• ~ défini: *le plan; la chambre;*
		   l'hôpital; les pulls
		• ~ indéfini: *un copain; une quiche;*
		   des agents

Aussagesatz (G 2)		la phrase déclarative: *Pierre est de Paris.*
Bindung (G 13)		la liaison: *les_éléphants*

Entscheidungsfrage	Gesamtfrage /
	Ja/Nein-Frage
		l'interrogation totale:
		   Farid cherche un cadeau?
		   Est-ce que Farid cherche un cadeau?

Ergänzung		le complément: *la BD de Silke;*
		   Il cherche son copain.
		   Ils vont à Toulon.

Ergänzungsfrage
 	
Est-ce que-Frage
  (G 10, 35)
	Teilfrage / Frage mit
	Fragewort /
	Wortfrage / W-Frage
	Umschreibungsfrage
		l'interrogation partielle:
		   Où est-ce qu'on fait la fête?
		   Qui installe l'ordinateur?
		l'interrogation avec *est-ce que:*
		   Est-ce que Charlotte est là?
		   Quand est-ce qu'elle rentre?

Femininum (G 4)	weibliches Geschlecht	le genre féminin: *une copine*
Fragesatz		la phrase interrogative: *Qui est-ce?*
Futur composé (G 34)	Zukunft	le futur composé: *Demain, il va acheter les chips.*
Genus (das)	(grammatisches) Geschlecht	le genre: *un copain; une copine*
Grundzahlen	Kardinalzahlen	les nombres / les (adjectifs) numéraux cardinaux: *un, deux, trois, quatre …*

46 quarante-six

ANHANG

Verwendete Begriffe	Entsprechungen	Französische Bezeichnungen und Beispiele
Imperativ (G 37)	Befehlsform	l'impératif: *Ecoute./Attendons./Prenez.*
Infinitiv (G 7)	Grundform	l'infinitif: *être; chercher; vendre; faire*
Intonationsfrage (G 1)	Frage mithilfe der Satzmelodie	l'interrogation par intonation: *C'est Amélie? Farid cherche un cadeau?*
Konjugation (G 5)	Beugung (des Zeitwortes)	la conjugaison: *je cherch**e**, tu cherch**es**, etc.*
Konsonant (G 13)	Mitlaut	la consonne: *b; c; d; f; g; etc.*
Lautbild (vgl. Schriftbild)	= wie man etwas ausspricht	le code phonique
Maskulinum (G 4)	männliches Geschlecht	le genre masculin: ***un** copain;* ***le** chien*
Nomen (Substantiv) (G 3)	Hauptwort / Namenwort	le nom (substantif): *le plan; la chambre*
Numerus (der)	Zahl	le nombre: ***un** copain;* ***des** copains*
Objekt (G 40) **direktes ~**	Satzergänzung; Akkusativobjekt	le complément d'objet direct: *Nicolas aime **le collège**.*
Objektpronomen direktes ~	= Fürwort als direktes Objekt	le pronom objet: *Nicolas **le** trouve super.*
Personalpronomen	persönliches Fürwort	le pronom sujet: *je, tu, il, elle, on, nous, vous, ils, elles*
Plural (G 5)	Mehrzahl	le pluriel: ***les** tomates;* ***des** oignons*
Possessivbegleiter (G 16, 25)	besitzanzeigendes Fürwort	le déterminant / l'adjectif possessif: ***mon/ton/son/**… copain*
Präposition (G 4)	Verhältniswort	la préposition: ***à** Toulon;* ***de** Paris;* ***avec** Amélie;* ***sur** le lit*
Präsens (G 7)	Gegenwart	le présent: *Pierre écoute un CD.*
Pronomen (G 5)	Fürwort	le pronom
Schriftbild (vgl. Lautbild)	= wie man etwas schreibt	le code graphique
Singular (G 1)	Einzahl	le singulier: ***une** tomate;* ***il** chante*
Subjekt (G 10)	Satzgegenstand	le sujet: ***Pierre** est de Paris.*
Verb (G 5)	Tätigkeitswort	le verbe: *chercher; attendre; faire; vouloir; etc.*
• **regelmäßiges ~** • **unregelmäßiges ~**		• *~ régulier: chercher; attendre; etc.* • *~ irrégulier: faire; vouloir; etc.*
Verneinung (G 18)		la négation: *Je **ne** clique **pas** sur «filles».*
Vokal (G 4)	Selbstlaut	la voyelle: *a; e; i; o; u; y*

quarante-sept **47**

ANHANG

Stichwortverzeichnis

Die Zahlenangaben verweisen auf die Seitenzahlen.

à mit dem bestimmten Artikel:	23
au, à la, à l', aux	
acheter	32
aimer mit Nomen oder mit Infinitiv	21
aller	22
aller faire qc (futur composé)	35
Artikel	
• bestimmter Artikel	
– Singular	7
– Plural	14
– bei *à*	23
– bei *de*	27
• unbestimmter Artikel	
– Singular	6
– Plural	15
au, à la, à l', aux *à* + bestimmter Artikel	23
avoir	21
Bindung	14
de	
• vor Vokal	7
• mit dem bestimmten Artikel:	27
du, de la, de l', des	
• bei Mengenangaben	31
des	
• unbestimmter Artikel	15
• *de* + bestimmter Artikel	27
du *de* + bestimmter Artikel	27
elle, elles	8, 11
est-ce que	
• als Frageformel	12
• mit Fragewort	36
être	8
faire	20
Fragen	
• nach Personen	5
• Intonation	5
• mit *qu'est-ce que*	9
• mit *est-ce que*	12
• mit *que*	13
• mit *où*	13
• mit *qui* + Vollverb	15
• mit Fragewort	36
futur composé	35
Höflichkeitsform	
• Personalpronomen (*vous*)	9
• Possessivbegleiter (*votre, vos*)	26
il, ils	8, 11
Imperativ	37
Intonation	
• im Aussage- und Fragesatz	5
• bei Fragen mit *est-ce que*	12

l'	
• bestimmter Artikel	7
• direktes Objektpronomen	40
la	
• bestimmter Artikel	7
• direktes Objektpronomen	40
le	
• bestimmter Artikel	7
• direktes Objektpronomen	40
les	
• bestimmter Artikel	7
• direktes Objektpronomen	40
Mengenangaben	31
manger	33
mettre	33
mon, ma, mes Possessivbegleiter	19
ne ... pas	20
notre, votre, leur Possessivbegleiter	26
nos, vos, leurs Possessivbegleiter	26
Objekt direktes Objekt	40
Objektpronomen direkt	40
on	9
Où est/sont ... ?	13
passé composé mit *avoir*	44
Personalpronomen *je, tu, il, elle, on,*	8
nous, vous, ils, elles	
Possessivbegleiter	
• im Singular	19
• im Plural	26
Pourquoi est-ce que ... ? /	36
Parce que ...	
pouvoir	38
préférer	34
prendre	27
Qu'est-ce que ... ?	9
Que fait/font ... ?	13
Qui ... ?	15
son, sa, ses Possessivbegleiter	19
ton, ta, tes Possessivbegleiter	19
Uhrzeit	25
un unbestimmter Artikel	6
une unbestimmter Artikel	6
Verben auf -*er*	10
Verben auf -*dre*	39
Verneinung *ne ... pas*	20
vouloir	38
Zahlen	
• von 1 bis 20	12
• von 21 bis 69	24
• von 70 bis 100	32